My First Pet Bilingual Library from the **American Humane Association**

Mi primer pez
My First Fish

AMERICAN HUMANE

Protecting Children & Animals Since 1877

Enslow Elementary
an imprint of
Enslow Publishers, Inc.
40 Industrial Road
Box 398
Berkeley Heights, NJ 07922
USA

http://www.enslow.com

Linda Bozzo

AMERICAN HUMANE

Protecting Children & Animals Since 1877

Founded in 1877, the American Humane Association is the oldest national organization dedicated to protecting both children and animals. Through a network of child and animal protection agencies and individuals, the American Humane Association develops policies, legislation, curricula, and training programs to protect children and animals from abuse, neglect, and exploitation. To learn how you can support the vision of a nation where no child or animal will ever be a victim of willful abuse or neglect, visit www.americanhumane.org, phone (303) 792-9900, or write to the American Humane Association at 63 Inverness Drive East, Englewood, Colorado, 80112-5117.

* *

This book is dedicated to my husband and daughters who never stop believing in me, and to pet lovers everywhere.

* *

Enslow Elementary, an imprint of Enslow Publishers, Inc.
Enslow Elementary® is a registered trademark of Enslow Publishers, Inc.

Bilingual edition copyright 2009 by Enslow Publishers, Inc. Originally published in English under the title *My First Fish* © 2008 by Enslow Publishers, Inc. Bilingual edition translated by Romina C. Cinquemani, edited by Susana C. Schultz of Strictly Spanish, LLC.

Library of Congress Cataloging-in-Publication Data

Bozzo, Linda.
  [My first fish. Spanish & English]
  Mi primer pez = My first fish / Linda Bozzo.
      p. cm.—(My first pet bilingual library from the
    American Humane Association)
  Includes bibliographical references and index.
  Summary: "Introduces young readers to the
    responsibilities of owning a fish, in English and
    Spanish"—Provided by publisher.
  ISBN-13: 978-0-7660-3036-7
  ISBN-10: 0-7660-3036-9
  1. Aquarium fishes—Juvenile literature. I. Title. II. Title:
    My first fish.
  SF457.25B6918 2009
  639.34—dc22
                    2008004656

Printed in the United States of America

10 9 8 7 6 5 4 3 2 1

To Our Readers: We have done our best to make sure all Internet Addresses in this book were active and appropriate when we went to press. However, the author and the publisher have no control over and assume no liability for the material available on those Internet sites or on other Web sites they may link to. Any comments or suggestions can be sent by e-mail to comments @enslow.com or to the address on the back cover.

Every effort has been made to locate all copyright holders of material used in this book. If any errors or omissions have occurred, corrections will be made in future editions of this book.

♻ Enslow Publishers, Inc., is committed to printing our books on recycled paper. The paper in every book contains 10% to 30% post-consumer waste (PCW). The cover board on the outside of each book contains 100% PCW. Our goal is to do our part to help young people and the environment too!

Illustration Credits: 1996–2005 Art Today, Inc., p. 12; Myrleen Ferguson Cate/PhotoEdit, p. 15; Nicole diMella/Enslow Publishers, Inc., p.14 (top); © 2006 Jupiterimages, p.24; Michael Newman/PhotoEdit, pp. 8, 20 (top); Shutterstock, pp. 1, 3, 5, 7, 9, 11, 13, 14 (bottom), 16, 17, 18, 19, 20 (bottom), 21, 23, 25, 26, 27, 28, 31.

Cover Credits: Shutterstock.

Contents / Contenido

Fish Can Be Fun

Looking at a tank full of colorful fish can be fun. Fish, like all pets, need care. If you do not have a lot of time to spend with a pet, a fish may be a good pet for you.

Before you dive in, take time to learn all about your new pet. This book can help answer questions you may have about finding and caring for your new pet fish.

Los peces pueden ser divertidos

Mirar un acuario lleno de peces coloridos puede ser divertido. Los peces, como todas las mascotas, necesitan ser cuidados. Si no dispones de mucho tiempo para disfrutar con una mascota, un pez podría ser la mascota ideal para ti.

Antes de sumergirte en el tema, tómate el tiempo necesario para aprender todo lo posible acerca de tu nueva mascota. Este libro puede ayudarte a responder las preguntas que tengas acerca de cómo encontrar y cómo cuidar a tu nuevo pececito.

Fish swim in a clean tank.

Los peces nadan en un acuario limpio.

What Kind of Fish Do I Want?

Fish come in many shapes, sizes, and colors. Some fish like to be with other fish. These fish live in a **community tank**. Some fish need to be kept alone.

Goldfish can live in unheated water. Most **tropical** fish need warm water. They also need more care. Marine fish will need to live in saltwater.

Some fish need water treated with special chemicals. This makes the water safe for the fish.

¿Qué clase de pez quiero?

Hay peces de todas formas, todos tamaños y colores. A algunos les gusta vivir con otros peces. Estos peces viven en **acuarios comunitarios**. Algunos peces necesitan vivir solos.

Los peces dorados pueden vivir en agua no climatizada. La mayoría de los peces **tropicales** necesita agua tibia. También necesitan más cuidados. Los peces de mar necesitarán vivir en agua salada.

Algunos peces necesitan vivir en agua tratada con químicos especiales. Esto hace que el agua sea segura para ellos.

These pale yellow fish swim with each other in their community tank.

Estos peces amarillos pálidos nadan unos con otros en su acuario comunitario.

Make sure the fish you get at the pet store
look healthy before taking them home.

Asegúrate de que los peces que adquieras en la
tienda de mascotas tengan aspecto saludable antes
de llevarlos a tu hogar.

You can buy fish from a pet store. The tanks in the store should be clean. The fish should look healthy. A sick fish may swim on its side or upside down. It may have sores on its fins or body.

Puedes comprar peces en una tienda de mascotas. Los acuarios de la tienda deben estar limpios. Los peces deben tener aspecto saludable. Un pez enfermo puede nadar sobre uno de sus lados o al revés. Es probable que tenga heridas en las aletas o en el cuerpo.

Some fish swim near the bottom of the tank.

Algunos peces nadan cerca del fondo del acuario.

What Will My New Fish Need?

Some fish, like Bettas, can be kept in a fish bowl. Most fish need a **tank** with lots of room to swim. Ask a person at the pet store which is best for your fish.

A light for your tank will help you see your fish better. If you put special plants in your tank, a light can also help these plants to grow. A cover for your tank will keep your fish from jumping out. It will also keep dust and other pets from getting in.

¿Qué necesitará mi nuevo pez?

A algunos peces, como los betta, se los puede tener en una pecera. La mayoría de los peces necesita un **acuario** con mucho lugar para nadar libremente. Consulta con alguien en la tienda de mascotas acerca de lo que sea más conveniente para tu pez.

Una luz en tu acuario te ayudará a ver mejor los peces. Si colocas plantas especiales en el acuario, una luz también puede colaborar con el crecimiento de las plantas. Una cubierta para tu acuario impedirá que los peces salten hacia el exterior. También evitará que ingrese el polvo e inclusive otras mascotas.

Community tanks can be very colorful.

Los acuarios comunitarios pueden ser muy coloridos.

A **filter** and an **air pump** will keep the water clean. Some fish need to live in warm water. If this is the kind of fish you pick, you will need a heater. A special **thermometer** tells you if the water temperature is right for your fish.

Un **filtro** y una **bomba de aire** ayudarán a mantener el agua limpia. Algunos peces necesitan vivir en agua tibia. Si ésa es la clase de pez que has elegido, necesitarás un calentador para el agua. Un **termómetro** especial te indica si la temperatura del agua es la correcta para tus peces.

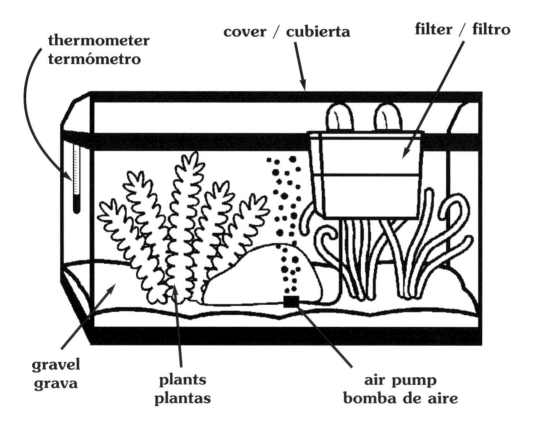

thermometer
termómetro

cover / cubierta

filter / filtro

gravel
grava

plants
plantas

air pump
bomba de aire

You may need these parts for your fish tank.

Necesitarás estas piezas para tu acuario.

Your fish will need help getting used to the temperature of their new home. Float the bag, with your new fish in it, in the tank for five to ten minutes. Open the bag to add some water from the tank. Close it again and wait five more minutes.

Now you use a net to gently take your fish out of the bag. Then put them into the tank. Do not add the water from the bag to the tank.

Tus peces necesitarán acostumbrarse a la temperatura de su nuevo hogar. Haz flotar la bolsa, con los peces dentro, en el acuario durante cinco o diez minutos. Abre la bolsa para agregar algo de agua del acuario. Ciérrala nuevamente y espera cinco minutos más.

Ahora usa una red para retirar con suavidad a los peces del interior de la bolsa. Luego colócalos dentro del acuario. No agregues el agua de la bolsa al acuario.

You can also buy **gravel** and plants for your tank. Safe decorations will make your tank fun for your fish.

Different fish eat different foods. Ask a person at the pet store what food is best for your fish.

También puedes comprar **grava** y plantas para tu acuario. Los objetos decorativos seguros harán que el acuario sea divertido para los peces.

Las diferentes clases de peces comen distintos tipos de alimentos. Consulta a una persona de la tienda de mascotas acerca de qué alimento es el más adecuado para tus peces.

This is one kind of fish food. Ask someone at a pet store what is best for your fish.

Éste es un tipo de alimento para peces. Consulta en la tienda de mascotas acerca de qué alimento es el mejor para tus peces.

gravel / grava

You can learn a lot about your fish by watching it every day.

Puedes aprender mucho acerca de tus peces, si los observas todos los días.

How Often Should I Feed My Fish?

It is best to feed your fish once or twice a day. Drop a small amount of food in the tank. If your fish eat all the food in two to three minutes, they may need more food. Be careful not to feed your fish too much. This can hurt your fish.

¿Con qué frecuencia debo alimentar a mi pez?

Es mejor alimentar a los peces una o dos veces por día. Deja caer una pequeña cantidad de alimento dentro del acuario. Si tus peces comen todo en dos o tres minutos, es posible que necesiten más alimento. Ten cuidado de no alimentar en exceso a tus peces. Esto podría hacerles daño.

Red and silver fish swim in a clean tank.

Los peces rojos y plateados nadan en un acuario limpio.

Goldfish like to swim in tanks.

A los peces dorados les gusta nadar en los acuarios.

Where Should I Keep
My New Pet?

Your pet's new home should be set up a few days before you bring your fish home. After you have filled the tank with treated tap water, ask a person at the pet store to test it to be sure it is safe for your fish.

¿En qué lugar de la casa debo tener a mi pez?

El nuevo hogar de tus mascotas se debe colocar unos días antes de que lleves a tus peces a casa. Después de llenar el acuario con agua corriente potable, pídele a una persona de la tienda de mascotas que efectúe una prueba, para asegurarse de que el agua sea segura para tus peces.

This fish must be in a bowl by itself. It is a Siamese fighting fish, or Betta. It will fight with other fish.

19

Este pez debe estar en una pecera individual. Es un pez combatiente de Siam o betta. Si no está solo, peleará con los otros peces.

Place your fish tank
where everyone can
see it.

Coloca tu acuario
donde todos puedan
verlo.

Red cap oranada goldfish

Oranda sello rojo

These are two different kinds of goldfish.

Éstas son dos clases diferentes de pez dorado.

The tank should not be placed in sunlight. It should be kept away from heating and cooling vents. Set the tank near an electrical outlet. It will need a strong table or stand to rest on. Once you fill the tank with water, it will be too heavy to move.

No se debe colocar el acuario a la luz del sol. Se debe mantener alejado de la calefacción y las aberturas de ventilación. Coloca el acuario cerca de un tomacorriente. Es preciso colocar el acuario sobre una mesa resistente o una base. Cuando lo llenes con agua, será muy pesado para moverlo a otra ubicación.

How Can I Keep My New Fish Healthy?

Take time to check your pet every day. See that everything is working. Check the water temperature. Just like you, fish can get sick. Each day, see that your fish look healthy. If you think your fish may be sick, talk to a **vet** or a person at the pet store.

Do not tap on the tank or bowl. This can scare and hurt the fish.

¿Cómo puedo mantener sano a mi nuevo pez?

Tómate el tiempo necesario para revisar a tu mascota a diario. Observa que todo funcione correctamente. Revisa la temperatura del agua. Igual que tú, los peces se pueden enfermar. Todos los días vigila que tu pez o peces tengan aspecto saludable.
Si crees que podrían estar enfermos, consulta a un **veterinario** o a una persona de la tienda de mascotas.

No golpees el vidrio del acuario o pecera. Esto puede asustar a los peces y hacerles daño.

Neon tetra fish swim by the community tank plants.

Los peces tetra neón nadan junto a las plantas del acuario comunitario.

Ask an adult to help you clean the tank.

Each week, the inside walls of the tank should be cleaned. You can use a special tool called an **algae** scraper. Scrape the inside walls of the tank.

Once a month, the gravel should be cleaned. Add water treated with special chemicals at the right temperature.

Pídele a un adulto que te ayude a limpiar el acuario.

Es preciso limpiar las paredes internas del acuario una vez por semana. Puedes usar una herramienta especial llamada rascador de **algas**. Rasca las paredes internas del acuario.

Es necesario limpiar la grava del fondo una vez por mes. Agrega agua tratada con químicos especiales a la temperatura correcta.

Clean tank walls
help keep your fish
healthy.

Las paredes limpias
del acuario ayudan
a mantener sanos a
tus peces.

Take Care of Your Fish

Having fish to look after can be lots of fun. You and your friends can spend hours watching your fish swim and dive. Take care of your fish. They can add color to your home and can be fun for your family.

Cuida a tus peces

Puede ser muy divertido cuidar a tus peces. Tú y tus amigos pueden pasar horas mirando cómo nadan y bucean tus peces. Cuida bien a tus peces. Ellos pueden agregar color a tu hogar y pueden llevar diversión a tu familia.

Fish need love and care just like you do. This is a lion head goldfish.

Los peces necesitan amor y cuidados igual que tú. Éste es un pez dorado cabeza de león.

Lion fish

Pez león

28

Words to Know

air pump—A pump that blows air through the water in the fish tank.

algae—A plantlike living thing that can grow on fish tank walls.

community tank—A tank where different kinds of fish live together.

filter—Keeps the water in the fish tank clear and fresh.

gravel—Small pieces of rock placed at the bottom of the tank. Gravel also helps filter and hold dirt and dust.

tank—A container with clear sides for fish to live.

thermometer—An instrument used to measure the temperature of the water in a tank.

tropical—A warm environment. Tropical fish need warm water.

vet—Vet is short for veterinarian, a doctor who takes care of animals.

Palabras a conocer

el acuario—Contenedor con lados transparentes, dentro del cual viven los peces.

el acuario comunitario—Acuario donde conviven diferentes clases de peces.

las algas—Organismo similar a plantas que puede crecer adherido a las paredes internas del acuario.

la bomba de aire—Dispositivo que bombea aire a través del agua en el acuario.

el filtro—Mantiene limpia y fresca el agua del acuario.

la grava—Pequeños trozos de piedra colocados en el fondo del acuario. La grava también ayuda a filtrar y a atrapar la suciedad y el polvo.

el termómetro—Instrumento utilizado para medir la temperatura del agua en un acuario.

tropical—Ambiente cálido. Los peces tropicales necesitan agua tibia.

el vet—Es la abreviatura de veterinario en inglés, médico que cura animales.

Learn More
Más para aprender

BOOKS / LIBROS

In English / En inglés

Blackaby, Susan. *Fish for You: Caring For Your Fish*. Minneapolis, Minn: Picture Window Books, 2003.

Loves, June. *Fish*. Philadelphia, Pa.: Chelsea Clubhouse, 2004.

Lundblad, Kristina, and Bobbie Kalman. *Animals Called Fish*. New York: Crabtree Pub. Co., 2005.

Macken, JoAnn Early. *Goldfish*. Milwaukee, Wis.: Weekly Reader Early Learning Library, 2004.

In Spanish / En español

Rubin, Alan. *Cuantos peces?* Mankato, Minn.: Yellow Umbrella Books, 2004.

INTERNET ADDRESSES
DIRECCIONES DE INTERNET

In English / En inglés

American Humane Association
  <http://www.americanhumane.org>

ASPCA: Animaland
  <http://www.animaland.org>

Index

Índice